Lektorat Brigitte Hanhart Sidjanski

Lithographie: Photolitho AG, Gossau Zürich
Gesetzt in der Optima, 16 Punkt · Druck: Proost N.V., Turnhout
ISBN 3 314 00904 6

Die Deutsche Bibliothek – CIP-Einheitsaufnahme

Bernadette: Hase Hannes bringt die Weihnachtspost / Bernadette. –
Gossau, Zürich ; Hamburg ; Salzburg : Nord-Süd-Verl., 1999
(Ein Nord-Süd-Bilderbuch) ISBN 3-314-00904-6

1 2 3 4 5 03 02 01 00 99

Hase Hannes
bringt die Weihnachtspost

Bernadette

Nord-Süd Verlag

An einem kalten Dezembermorgen kroch Hase Hannes, der Postbote, verschlafen aus seinem warmen Haus.
»Das gibt es doch nicht!«, rief er erschrocken und rieb sich die Augen. Vor seinem Haus lagen so viele Pakete, Briefe und Karten wie noch nie!
»Oh, natürlich, Weihnachten steht vor der Tür«, sagte er und lächelte. Er fing an, die Post in seine Tasche zu packen.
»Das passt ja nicht alles rein!«, rief er. »Was mache ich nur?«

Hase Hannes war froh und erleichtert.
»Danke euch allen!«, rief er und steckte die Post
in den Rückenkorb, schulterte ihn und machte sich auf den Weg.
Es war kalt.
Der Teich hatte eine dicke Eisdecke. Aber Hannes fror nicht,
denn der Korb wärmte seinen Rücken.
»Hoffentlich beginnt es nicht zu schneien«, sagte er vor sich hin.
»Ich habe meinen Schirm vergessen, und die Post würde ganz nass.«

Das Eichhörnchen hatte die Klage von Hannes gehört. Es hüpfte herbei und sagte: »Guten Morgen, Hannes! Was du brauchst, ist ein Tragkorb. Ich rufe unsere Freunde zu Hilfe.«

Und dann sammelten alle trockene Binsen und Weidenruten
und flochten in Windeseile einen Rückenkorb.

Hase Hannes war froh und erleichtert.
»Danke euch allen!«, rief er und steckte die Post
in den Rückenkorb, schulterte ihn und machte sich auf den Weg.
Es war kalt.
Der Teich hatte eine dicke Eisdecke. Aber Hannes fror nicht,
denn der Korb wärmte seinen Rücken.
»Hoffentlich beginnt es nicht zu schneien«, sagte er vor sich hin.
»Ich habe meinen Schirm vergessen, und die Post würde ganz nass.«

Am Abend kam Hase Hannes völlig erschöpft nach Hause.
So schnell hatte er die Post noch nie ausgetragen.
Aber was sah er da? Noch mehr Weihnachtspost!
»Oje, oje«, seufzte er. »Das hat ja nicht einmal in diesem
Korb Platz. Was mach ich nur?«

Zwei Eulen hatten ihm zugehört und flogen davon.
Sie weckten alle Tiere und erzählten von Hannes' Sorgen.
»Wie können wir ihm helfen?«
Das Stachelschwein wusste Rat: »Hannes braucht einen Wagen!«

Hase Hannes konnte lange nicht einschlafen. Und als er endlich schlief, hatte er einen schrecklichen Traum: Es regnete Pakete und Briefe auf ihn herunter! Erschrocken wachte er auf, schüttelte sich und ging zur Türe. Und was sah er draußen?

Alle seine Freunde waren an der Arbeit.
Die einen sammelten Holz, die anderen sägten, hämmerten und leimten.
»Was macht ihr denn da?«, fragte Hase Hannes neugierig.
»Wir bauen einen Wagen für dich«, sagte der Waschbär, »für die Weihnachtspost.«
Begeistert half Hannes mit.

»Machs gut!«, riefen die Tiere Hannes zu, als der Wagen voll gepackt war.
»Danke, liebe Freunde!«, sagte Hase Hannes und machte sich fröhlich auf den Weg.

Der Wagen rollte leicht über die Wiese.
»Alle werden ihre Post rechtzeitig zum Fest erhalten«,
sagte Hannes zufrieden.
Es begann zu schneien.

»Komm herein«, sagte der Igel, als Hannes ihm einen Brief übergab. Es war der letzte.

Zusammen tranken sie heißen Kräutertee. Dann machte sich Hannes auf den Heimweg.

Plötzlich krachte es hinter ihm. Ein Rad war an einer Wurzel hängen geblieben und der Wagen zerbrochen.
»Wie schade! Der schöne Wagen!«, sagte der Igel. »Lass ihn da stehen, Hannes«, fügte er hinzu. Enttäuscht ging Hase Hannes ohne den Wagen nach Hause.

Als er zu Hause ankam, türmte sich schon wieder ein Berg Weihnachtspost! Der Waschbär stand daneben und sagte gleich: »Macht nichts, macht nichts! Wir bauen dir jetzt einen großen Schlitten, denn ein Wagen taugt nicht für den Schnee.«

Am nächsten Morgen stand der Schlitten da!
»Ist der schön!«, rief Hannes bewundernd. »Ich danke euch allen!
Aber jetzt muss ich los, heute ist Heiligabend!«

Hannes zog und zog. Aber der Schlitten rührte sich nicht von der Stelle.
»Wir helfen dir«, sagte die Maus und setzte sich obendrauf. Die anderen schoben von hinten und an den Seiten. Es wurde eine fröhliche Weihnachtspostfahrt.

Sie stapften einen steilen Hügel hinauf. Und da geschah es:
Die ganze Post rutschte vom Schlitten und kullerte den Hang hinunter!
Die Eule pickte als Erste ein Päckchen aus dem Schnee.
»Das ist ja meine Anschrift!«, rief sie erstaunt.
Da fingen alle an zu lachen. Was da im Schnee herumlag, war Post, die für sie bestimmt war!

»Hannes braucht gar nichts auszutragen«, sagte der Fuchs.
»Jeder nimmt einfach, was für ihn ist.«
»Dann lasst uns doch zusammen hier Weihnachten feiern«, schlug der Igel vor.
Das gefiel allen, und die einen verteilten die Post, die anderen holten Kerzen, Kuchen, Kekse und Saft.
Es wurde ein wunderschönes Weihnachtsfest.
»Fröhliche Weihnacht, Hase Hannes!«

Von **Bernadette** sind folgende Bücher im Nord-Süd Verlag erschienen:

Hase Hannes, der Postbote

Hase Hannes hat Geburtstag

Die Stadtmaus und die Landmaus
Eine Fabel des Aesop

Der Löwe und die Maus
Eine Fabel des Aesop

Varenka

Der kleine Gärtner
Text von Gerda Marie Scheidl

Hudelpeter

Schuster Martin
Volkserzählung von Leo Tolstoi

Das Vaterunser

Die Weihnachtsgeschichte
Lukas 2, Vers 1–20

Ein Esel geht nach Bethlehem
Text von Gerda Marie Scheidl

Ein ganz verrückter Nikolaustag
Text von Russell Johnson

Der Hirsebrei
Text von Gerda Marie Scheidl

Der Weihnachtsvogel

Märchen von H. C. Andersen

Die Schneekönigin

Der Tannenbaum

Märchen der Brüder Grimm

Rotkäppchen

Hänsel und Gretel

Schneewittchen

Frau Holle

Brüderchen und Schwesterchen

Der Wolf und die sieben jungen Geißlein

Die Bremer Stadtmusikanten

Rumpelstilzchen

Das tapfere Schneiderlein